BuddhAll.

BuddhAll

法界新秘藏

究竟要言

第一輯

洪啓嵩 著

目錄

第肆會

見即解脫

第伍會

出版緣起

二〇一九年三月，在殊勝的緣起中，開啟了法界新秘藏的說法，希望將心中對佛法的完整體悟，以最直截的方便，如實的宣說，並以道歌攝頌的文體，使學人得以總持，聞即成就。

法界新祕藏，是十方諸佛淨土所流出的甚深祕要。原預計宣說「十八部瑜伽王」，使學人總持一切教法，以此成就，正如同轉輪聖王出世時，自然出現輪寶、象寶、馬寶、珠寶、玉女寶、主藏寶、典兵寶等七寶，輔助該王教化百姓，行菩薩道。

一生隨緣而行，更隨順著諸佛的本心伏藏修證開法，一切空無所得，唯存諸佛的甚深法藏加持現行。因此，依於如來的加持現觀體悟，由自心所流出，每月造頌說法，希望這一切的法音能開啟十方諸佛的甚深法藏，祈願聞者皆得成就無上菩提。

「法界新祕藏」系列，分為「見部」與「修部」。「見部」結集我為此說法所修造之偈頌、道歌，使學人總攝修持，「修部」則是將每月的法要教授結集出版，依次開啟諸佛最深祕的法界伏藏，祈願這些法門，能直指人心，見聞者皆得圓滿成就，聞即解脫、見即解脫！

南無本師釋迦牟尼佛
南無法界一切諸佛菩薩
南無一切聖妙教法

序

《法界新祕藏・究竟要言 第一輯》是諸佛最深體性所流出的甚深伏藏，第一輯包括如下九大教授：

第壹會　現觀成佛最密心要
第貳會　音聲大瑜伽王
第叁會　聞即解脫
第肆會　見即解脫
第伍會　現觀全佛瑜伽王
第陸會　無死瑜伽—超越生死的智慧

第柒會　虹身修證—法界大圓滿現前教授
第捌會　佛身三摩地
第玖會　與佛同息

在歷次的教授中，祈願受法者能聞即解脫，得到無上的體性勝利，因此從體性無上心要，到依緣而說法的種種教授，無非是祈願有緣者同證究竟的無死虹身。

在此輯中所有的教授以偈頌、道歌方式呈現，如同大手印朵哈、及禪宗證歌以心印心的久遠傳承，有緣者可隨緣誦念修學。心同於字、字同於義、義同於現空究竟，見聞覺知，悉能受用無邊利益。在本輯中收錄了要言中的偈頌，也顯示了修證內容，更展示了證悟的妙義。祈願有緣者，隨身攜持，隨時隨地，在能持現觀的緣起時，隨修隨悟、見即解脫。

當諸佛成就時，現前觀照眾生全佛，這也是諸佛最究竟的平等誓句，依此善悟全佛究竟。

南無……

洪啟嵩

「皈命頂禮遍照尊」

第壹會

現觀成佛最密心要

壹、現觀成佛最密心要

我是大藏經卷　法的自性
法界的伏藏
從最密的心音
唱出諸佛的妙語般若
遠離過去、現在、未來
在畢竟空中　當下本然
是無我才能的唱合

只有南無清淨的佛念
合南清淨的念佛

在最細最細的心中
在最細最細最細中的最細的心中
在最究竟的最細最細
最細最細最細的畢竟空中
當下是佛　就那麼當下了
遠離十方三世的畢竟空中　寶王如來現起

加持了自身
於是佛加持了佛
自佛加持了自佛
從心念　心心念念　都化成了唯一明點
化成了金剛鍊光
從氣脈、DNA、細胞
從五臟六腑到全身　都化成了虹光身佛
從心到法界　金剛光聚　相映無礙
成了佛　畢竟空
佛

佛

成了佛　畢竟空

從心到法界　金剛光聚　相映無礙

從五臟六腑到全身　都化成了虹光身佛

從氣脈、DNA、細胞

化成了金剛鍊光

從心念　心心念念　都化成了唯一明點

自佛加持了自佛

於是佛加持了佛

遠離十方三世的畢竟空中　寶王如來現起
加持了自身
當下是佛　就那麼當下了
最細最細最細的畢竟空中
在最究竟的最細最細
在最細最細最細中的最細的心中
在最細最細的心中

合南清淨的念佛
只有南無清淨的佛念

是無我才能的唱合
在畢竟空中　當下本然
遠離過去、現在、未來
唱出諸佛的妙語般若
從最密的心音
法界的伏藏
我是大藏經卷　法的自性

貳、自他如實大圓滿

自他如實大圓滿　究竟光明畢竟空

自佛他佛一切佛　法身如來佛一如

參、寂滅體性大悲在

寂滅體性大悲在　法身畢竟空中存

宛轉無盡因緣起　圓滿自在如法生

「緣起」

第貳會

音聲大瑜伽王

第壹品　音聲大瑜伽王

嗡……

空間消失了

時間停止了

心超越了

啊……一切本不生

無初畢竟空
本初大圓滿
太初至道現

阿……大悲現前一音演出無量的法界
無量的音聲法界　成了阿……本不生
是心本無生　是無上菩提不滅
長阿一聲畢竟空　如實的金剛喻定

吽……一切真言現成

一切法界現成　一切曼荼羅現成
一切佛身現成
於是　圓滿　廣大圓滿
善哉　梭哈
一切的妙音成了身
圓滿的自覺　佛身
嗡……最密最密　阿……
最細微最細微阿字妙聲

最密最細的阿字　成了最密最密的心音
心光音不二
在最最的微密中頓成空
阿　內空
阿　內內空
阿　內至寂空
阿　法爾佛現成
阿　內空　內內空
阿　內至寂淨空
阿　內空究竟　畢竟空

阿　現起了法界體性自佛身

阿　心念　心心念念

阿　細胞、DNA、三脈七輪、五臟六腑

阿　心、氣、脈、身、境到法界

成了金剛光音　現起虹彩光音　全成了佛

阿　外空、外外空

阿　內外空、內內外外空

阿　空空、空空空空

阿　大空、第一義空、有為、無為、畢竟空

阿　諸法眾音自性一切空

頓阿　畢竟空
超越十方、三世
一切無初　本不生
畢竟空中　無生無不生
法身佛現　常寂光聚
法然現成
長阿一聲　現空中超越了十方法界
過去　現在　未來　十世　如實現成

透脫了一切心識
六根、六塵、十八界、六大、十法界
三身四曼
全體法界全然在無聲之聲中
現前畢竟空　現成金剛海印三摩地

一切處　一切時　一切心　一切界

法界全阿　本不生
本初現成
一切廣大圓滿的佛現前如是

吽吽吽　成了
最空的金剛音珠
現前了金剛光鍊音珠
現起了　一切不滅的圓滿究竟

大悲！大悲！
向您祈願大悲菩提心的諸佛祖母
一切大悲音現　法界圓滿成究竟
大悲海曼荼羅在
畢竟空中　現起了　法界體性音　啊

一切祈願　現起了　諸佛妙音　吽
善觀自心　現起了　自功德善音　嗡
一切在究竟體性　自佛自加持　自音自圓滿
成了現空中的自在心佛

諸佛是法界音身
進入你的心想之中
是
心音是佛
是心音作佛

你的心音成了三十二相八十種好
徧滿法界　成了法界自身
輕敲著　彩虹的聲音
成了阿彌陀佛　無量光明
畢竟空圓滿　音空自無礙
阿　現成

第貳品　光音天子裔特別教授

我們是光音天的族裔
用光作為語言
靜聽光的聲音
用淨光明偏照自他之處
從寂靜定中出生喜樂
澄心不動　寂湛生光中成了少光天
用光光相燃而照耀無盡

映現了十方界遍成琉璃是無量光天
吸持圓光成就自體
發化清淨　應用妙無盡
成了光音天者

常以欣悅而食
不依於有身
安樂而自活
當定力退失

迷失了心念
流浪到了地球墮化

於是將音再化成了光
讓彩虹的音聲
成了自身
我們不再執著
成為光音天者
當了悟一切音聲、光明
絕無自性

成就了照明諸法三摩地
於是了悟一切諸法本不生
成了光音天無自性的佛

不必寂靜的寂淨
頓入了畢竟空的音光無盡
體悟金剛三昧
是音　是光　是金剛鍊的音光
碎身成了音塵寂光
碎身成了金剛音光相聚

每一明空現成了佛
無量淨音明空成了無量佛
無量化佛　濟度法界的無量眾生
讓法界有情全成了佛
這是光音天裔的特別教授

「帝網品」

第叁會

聞即解脫

第壹品　聞即解脫甚深教授

息由心入中脈底　音出中脈舌脈端

嗡音現空遍法界　法爾現空遍覺音

返聞自性自聞聞　法界阿聲入耳脈

耳根圓通自在門　音入耳脈通心脈

心脈通達入中脈　究竟空中寂密輪

初於聞中入法流　亡所聞相入本覺

寂滅銷融動靜相　了然不生性全修
如是漸增離二相　聞所聞盡盡能聞
根塵雙泯聞不住　覺所覺空聞覺性
空覺極圓超圓滯　空所空滅性圓明
生滅既滅本妙心　寂滅現前元心妙

豁然大悲至空現　極密吽吽大悲聲
法爾大智究竟覺　中脈現成本覺空
海底、臍、心、喉、眉、頂　七輪空音大悲震
善開七輪中脈通　音寂同引法界音

七輪同鳴十方和　心、息、脈、身法界同
畢竟空音六根圓　音音遍入全法界
眾生妙覺毛孔悟　三輪同寂畢竟空
法爾現成遍照尊　三身同證無上覺

壹、畢竟空音

畢竟空音　現空寂音
量子幻音　細胞心音

身空如音　地球母音
星系共音　越三世音
宇宙和音　四禪定音
四空靜音　滅受想音
三昧妙音　法界覺音

貳、大圓滿六音成就

畢竟空中本覺音　法然清淨自心音

至柔圓順脈空音　遠通法界無礙音
法界全現遍覺音　金剛鍊聚明空音

叁、何處非佛金剛音

心斂畢竟空*　音聲本寂淨
法爾無生滅　三身本現成
一音成一切　一切入一音
無初法界體　四曼金剛聲

現前如實觀　何處非佛陀*

*註解

斂細至空　畢竟空處

法佛現成　報佛圓滿

化佛現前

*註解

問何者為佛？何言何處非佛

《觀無量壽經》：「是心是佛，是心作佛，心佛不二也」。

第貳品　聞即解脫・妙音瑜伽

壹、能聞的法界畢竟空寂

能聞的法界畢竟空寂
所聞的本覺自性圓滿
現聞的始覺現成如來
聞即解脫究竟
如實的交付現前者

嗡　無生無滅
阿　本住金剛三摩地中
吽　全佛現成

貳、懺悔那多劫來追逐外聲的耳根

懺悔那多劫來追逐外聲的耳根
聞佛妙音心生疑惑

聞眾惡聲隨逐惱害
向佛懺悔無始劫來的染汙耳根
讓父母所生的耳
豁然在實相中悔悟
耳根何在　時間何來　音聲何住
在寂滅中實相懺了
在畢竟空中如如的返聞自性
自聞聞寂的耳根清淨
於是六根也清淨圓通了
這是普賢的無礙耳根

叁、清淨的音聲

清淨的音聲
在三摩地中無生現起
地大的阿𑖀聲
水大的鑁𑖪𑖽聲
火大的朗𑖨𑖽聲

風大的唅 聲
空大的佉 聲
識大的吽 聲

六大、六境、十二入、十八界的聲音
如實本寂的空淨
於是始覺聞本覺
本覺聞始覺
自性自聞
自聞自解脫

能聞自性的本覺
所聞法爾的畢竟空寂
現聞始覺的大圓滿
聞即解脫
至於究竟
善哉！
五毒自解脫
五門自解脫
六識自解脫

肆、一吸吸入法界

一吸吸入法界
一呼呼出法界
一呼一吸遍融法界　空寂無生
在出入息間
遍遊了一切諸佛清淨土
一切法界的加持力
一切如來的福智力

現前的自願智力
匯成了始覺的一切智智
同了現成的本覺
嗡 𑖌𑖼 吟出明空光絲金剛鍊
阿 𑖀 在畢竟空中不生不滅
吽 𑖮𑖳𑖼 始覺同本覺的成佛了
一切圓滿
南無　薩婆訶

第叄品　聞即解脫金剛句

壹、音聲即三身

音聲即三身　妙成佛支分

貳、無量無礙音聲身

無量無礙音聲身　無所障礙如虛空

叁、毘盧遮那心

毘盧遮那心　流大悲方便
無初三摩地　本覺心讚詠
廣興勝供養　六四梵音住
說法無障礙　清雅音微妙
音聲為佛事　體性本自空
凝然法界淨　金剛歌真如

肆、總持大陀羅尼力

總持大陀羅尼力　一音演說眾悉了
解脫自在諸有情　一切毛孔出法音
法界眾相空寂聲　但以一音悉令悟

伍、現觀諸語畢竟空

未語欲語若語已　心相寂然不可得
現觀諸語畢竟空　反聞自性自本覺

陸、悉依諸佛音聲住

悉依諸佛音聲住　音淨如來遍法界
善妙清淨陀羅尼　普佛世界六震動
一切眾生受法音　光明遍入其毛孔
塵勞垢習一時除　畢竟空中見如來

柒、光明自顯微妙音

光明自顯微妙音　音覺法界諸眾生
一切世間所有聲　聞者皆悉如來音
大音讚揚一切佛　妙樂鐘磬悉讚佛
體性妙覺空寂滅　妙音光明三摩地

捌、廣大究竟加持力

廣大究竟加持力　肉眼、天眼、慧、法、佛
悉聞戒、定、智慧聲　畢竟空中善演說
解脫、解脫知見聲　如實現成自成就

玖、如來梵音妙聲相

如來梵音妙聲相　所出音聲善調伏
慈悲喜捨圓妙音　聞者解脫悉成就
普遍一切人類中　妙音具力除眾惱

法界眾生空寂滅　隨佛音聲自解脫
普攝上、中、下諸根　聞即解脫業調伏
如來最上妙音聲　如實智信無疑悔

拾、無相現眾相

無相現眾相　聲從字普出
字生妙真言　真言證勝果
諸佛救世尊　普了聲性空

聞即不可得　非無亦非有
入於聲解脫　大悲三摩地
善音悟全佛　有情同大覺

拾壹、如來普音法界觀

如來普音法界觀
無量眾生聞解脫
不退無上菩提中

拾貳、出過聲相

出過聲相　廣大聲相

知法無相　因聲解脫

拾叁、一切法如呼聲響

一切法如呼聲響　無示無說離音聲
諸法寂滅離眾染　無聲相中證圓果
究竟微妙最上乘　聞佛妙音畢竟淨
一切煩惱悉蠲除　如實安住全佛境

拾肆、耳根懺悔淨

耳根懺悔淨　實相寂滅成
父母所生耳　能聞法界聲
妙聞一切音　耳根悉圓具
功德本具足　始覺如來耳

拾伍、如來位於真實地

如來位於真實地　善妙演說無聲字
眾生樂聞得大利　禮敬如來大丈夫

拾陸、於耳根中入正受

於耳根中入正受　善於聲法三昧起
了知法界一切聲　無聲善聞本覺知
於聲法中入正受　耳根起定覺自在
觀耳無生無自性　畢竟空中本寂淨

拾柒、照見耳根響應聲

照見耳根響應聲　聞知苦樂悲喜意
心著情性住佛音　法樂自在聲塵寂
三昧正性自三昧　耳識根靜入菩提
現證菩提心妙觀　稽首如來微妙音

拾捌、阿字真言遍法界

阿字真言遍法界　善成諸佛二足尊
妙音普遍眾世界　聞者必證無上覺

拾玖、大秘密歌持本心

大秘密歌持本心　金剛歌詠諸如來
一切不離金剛語　善詠成就諸部法
隨力自在無分別　不假循誘自然出
調順語業微妙音　梵音和雅詠金剛
如實妙音無聲寂　最上菩提金剛歌

貳拾、一音聲法界

一音聲法界　妙音即法界
平等住實相　畢竟空中聞
三世佛如來　如是生無生
佛一一毛孔　妙音遍法界
聞即勝解脫　無上菩提證

貳壹、一音遍至諸佛剎

一音遍至諸佛剎　普應一切眾生語
寂滅現成畢竟空　法爾如來本現成

貳貳、一音一切音

一音一切音　一切音一音

如來同一音　圓音即如來

貳叄、大光世界至微妙

大光世界至微妙　師子鼓音自在佛
香風吹動妙音生　聲演空、無相、無願
不生不滅無色聲　無自性聲畢竟空
眾生聞已皆解脫　稽首自在王如來

貳肆、響喻解了真言聲

響喻解了真言聲　語言聲妙成真言
一音遍滿諸世界　自入音聲慧法門

貳伍、語言自性不可得

語言自性不可得　如空谷響無自性

音聲寂滅自平等　無言無說離文字
現觀音聲畢竟空　一切聲音妙真言
諸法善說無聲字　超彼聲色悟實相

貳陸、言聲自性本來空

言聲自性本來空　語言眾相不可得
如夢聞音甚美妙　無說無聽無聞者

貳柒、樂說無礙甚深智

樂說無礙甚深智　一字演說一切空
一語能說一切語　一法現具一切法
實相現成本寂故　現聞解脫證實相

貳捌、無生無滅最勝幢

無生無滅最勝幢　空、無相、無願本定
無言無聲真諦法　一切賢聖寂淨處
過去諸佛所說法　十方如來現宣說
未來世尊未來示　普現妙音入無聲
聲空自然如谷響　諸法現成畢竟空

貳玖、如實現聞成解脫

如實現聞成解脫　三世諸佛最勝法

叁拾、善達實相不思議

善達實相不思議　了達諸法無自性

發心自成菩提器　聞即解脫自然成

叁壹、一切文字不處身

一切文字不處身　非息非意本然空

文字體性畢竟空　山中呼聲山谷響
總持不著於文字　無音無言無說聲
一切所說無罣礙　無意無想亦無心
曉了實相深妙法　究暢音聲明法義
一切說法無障礙　稽首勝利佛世尊

叁貳、行即如來行

行即如來行　坐即如來坐

一切無言說　一音遍法界
大悲念現成　利樂眾有情
現證全佛圓　莊嚴勝淨土

叁叁、無言三昧耶

無言三昧耶　一切如來心
諸佛秘密語　金剛勝念誦
從佛無初心　如來法現成

出現佛世界　畢竟空現成
盡遍眾生界　語言悉地成
如來秘密性　諸佛同體現

叄肆、諸佛音聲不思議

諸佛音聲不思議　相互通達本寂空
一切如來勝功德　一音現成無自他

「無上正等正覺」

第肆會

見即解脫

壹、現觀法界全如來

現觀法界全如來　當體自現自佛陀
能、所觀照畢竟空　有情現前全佛現

貳、感恩互成佛

現前忽憶起　感恩互成佛

叁、六根感恩

六根感恩　眼、耳、鼻、舌、身、意

六境感恩　色、聲、香、味、觸、法

六識感恩　眼、耳、鼻、舌、身、意

六大感恩　地、水、火、風、空、識

肆、感恩勝眼根

感恩勝眼根　能觀眾物明
寂淨畢竟空　能見微妙性

伍、感恩諸光明

感恩諸光明　一切所見色

究竟空寂中　澈見明實相
感恩眼識性　三輪體明空
現觀離三世　法爾無生滅

陸、空者絕無干擾

空者絕無干擾
空者絕無障礙
空者絕無罣礙

柒、畢竟空中無罣礙

畢竟空中無罣礙　究竟無礙無干擾
現成如實心實相　一切究竟本無初

捌、一見大佛便成小佛

一見大佛　便成小佛

祈福台灣　和平地球

一見大佛　便成小佛
覺性地球　遍照宇宙

一見大佛　便成小佛
智慧台灣　覺悟地球

一見大佛　便成小佛
光明地球　遍照宇宙

福起台灣　和平地球
幸福人間　大覺宇宙

玖、噫兮時間流

噫兮時間流　是時或是間
時間流何向　時間雙向否
時或多向性　時間何緣起

或互因緣起　時流相告知
時間流動際　三際互允否
如是眾時相　如實空中顯

「無緣大悲」

第伍會

現觀全佛瑜伽王

壹、諸佛已成佛

諸佛已成佛
加持於吾等
圓滿現成佛
第一義所說

貳、理則因無量 事則有緣生

理則因無量　事則有緣生
此有故彼有　此無故彼無
法爾如實相　法界體性智
宛轉示全佛　畢竟空現成
大圓鏡智現　究竟海印中
現前眾成佛　平等智圓滿

善觀一切相　微妙觀察智
大悲願自在　成所作智具
九識轉五智　無初無生滅
金剛三昧王　現成密教授

叁、我已如滅

我已如滅
宛然如生

願力所顯
大悲力現

肆、累劫勤苦無累劫

累劫勤苦無累劫
無量功德離一切
現成空中顯究竟
如是圓滿現成佛

「無畏施」

第陸會

無死瑜伽——超越生死的智慧

壹、不必再允許死亡

我不必再允許你的死亡
生滅的遊戲在體性中全幻
為什麼那樣的任性
不肯與自己的心性商量

回首已經逝去的時空
滿掬著淡淡的輕夢

或許這一片
菩提的葉子
稍稍彌補著
成佛的寂寞
於是再來一次
慈航

我不必再允許死亡
夢醒的時候
夢已經醒

殘殘的迷味
不必再留在身上
但喚醒我再進入夢裏的夢
讓我在夢裏依舊不在夢裏的夢

貳、時間的長短

現在有多短

過去有多長
未來有多遠
當下如何觀

叁、波粒的如幻

點自幻動　波成虛跡
波粒二相　本自如幻
三輪相應　執成輪轉

相映成空

般若現成

「清淨法界智」

第柒會

虹身修證—法界大圓滿現前教授

壹、光海瑜伽王

—現成虹光身心中心密言

本覺本來體性普賢王佛
自成自身無分別瑜伽
皈命法爾無差別勝利
如實現前畢竟空如來
明點現前空光自圓現
空明自體法爾現明空

一切密義無差別教授
三世斷兮無過、現、未所成
以無修證無分別自性
至空至明自明空現成

唯一明點燦然虹空現
善兮生法宮現成
拙火善苗極密細如日
光顯二相明點粒波空
明空、空明法爾自隨現

本然究竟空性大圓滿
熾然本具普賢王佛光
三脈七輪四光脈空成
五大成身脈具五大性
內身、外身、內外身至空

噫兮！見性本然無生滅
能見、所見、見兮三輪空
如是四脈如實相現空
五大寂空六大常瑜伽

無初金脈中脈至中法性藍
白絲線脈明點自生中脈旋明空
細旋安臍、心、喉、頂上住摩尼
晶管脈連心眼自在明光金剛鍊
四脈本覺、始覺法爾現
現觀成就圓滿大圓滿

自性本覺智光如是而現成
肉團心光同體大圓滿
白柔脈光善巧自圓通

眼空自淨吉祥佛眼生
如幻現成遠通水光自明空
無雲晴空法界清淨光
大悲現成無上菩提心
明點空光密中至密大圓滿

法爾實相不行自然到
本覺、始覺現成自如來
至密至微自體自如來
至大至空究竟法界佛

至微至大如實同一空
身微自密自化自虹身
心、氣、脈、身、境圓滿

畢竟空中現成虹身佛
唯一明點至微虹光佛
法界密明法界虹光佛
一切支分、細胞虹光佛
心、氣、脈、身、境現虹光佛
如實究竟教授密中密

大圓滿體性心中心秘要
教授有緣無死虹光佛
一切現成大圓滿究竟
吽

貳、真言光明體

真言光明體　如鬘如繫珠
明淨無有垢　相續無間斷

從口密灌注　從上下遍灑
身心流灌身　身心障悉除

叁、一切身無盡

一切身無盡　菩提心相應
相續無可斷　皆成金剛聲
遍體如鐘鳴　身心垢障盡

肆、入息平等息

入息平等息　住息本尊心
出息入本尊　念念心無間
如是悉平等　法界同成佛
真言所行道　頓覺如來乘

伍、舌端摩尼珠

舌端摩尼珠　巧書真言字
善飲淨甘露　無生無死人

舌端摩尼珠　巧布七星明
藥師日月光　善成九本尊
藥王甘露飲　身成琉璃光

舌端摩尼珠　現書曼荼羅
舌具身穴脈　宇宙法界顯

五佛五智現　飲光觀自在
善妙金剛舌　具廣長舌相

陸、自佛自加持

自佛自加持
入息放鬆而細之　嗡
住息放下而密之　阿

出息放空　吽 

如實畢竟空

柒、自身本然自虛空

身在太空

無障無礙

遠離一切分別的

安住在無重力的自在中
身成虛空
銀河自成中脈
百億星流成為現空的明點
現空現通

脾臟成了金色明空的星雲
肺臟成了白色明空的星雲
腎臟成了黑色明空的星雲
肝臟成了青色明空的星雲

心臟成了赤色明空的星雲
三脈七輪與眼、耳、鼻、舌、身、意
都現成了明空的星雲

皮肉骨髓、血液、分泌
一切的細胞乃至基因
都成了宇宙中的星雲
於是法界藏身
藏身法界
放鬆放下成了畢竟空

自身本然自虛空
廣大圓滿

「自燈明法燈明」

第捌會

佛身三摩地

第壹品　佛身三摩地

佛陀三十五歲在菩提樹下
成佛
我們現在將自己
現觀成三十五歲的
佛陀
心　是佛的大覺心
息　是佛陀的悲智呼吸

脈　是佛陀的畢竟空脈
身　是佛陀大定常寂光身
境　是清淨的法身淨土

三十五歲的佛陀
我們如實的現觀
我們現成的佛心
大慈大悲具足無上的大覺
在畢竟空中
為眾生現起無盡的光明

大智的光明氣息
凝鍊成至空的唯一明點
金剛鍊光
在現空的中脈呼吸
入息是至鬆的光明
住息是自在的明空
出息是至空的光鍊

三脈七輪現成三十五歲的佛陀
頂輪、眉心輪、喉輪、心輪、

臍輪、海底輪、密輪
一一輪脈皆成了光明的淨土
無量佛陀會聚其中
心臟、肝臟、脾臟、肺臟、腎臟
五臟六腑
五方無量諸佛會聚
臟腑本然自淨
成為佛土
眼即佛眼

耳即佛耳
鼻即佛鼻
舌即佛舌
身即佛身
意即佛心
六根、六塵、六識
法界至空
光明遍照　自成佛陀
我們的佛身是

三十五歲的佛陀
我們的呼吸
就是佛陀的呼吸
我們的心念
就是佛陀的自心
我們的皮、肉、骨、髓
一一皆是無量諸佛

我們即是三十五歲的佛陀
我們身體的四肢、血脈、分泌、細胞、DNA

從至微到全身
會聚成三十五歲的佛身
我們行、住、坐、臥
一切時中
都是三十五歲的佛陀
現成的佛陀
現前的佛陀

第貳品　金剛舌

安住本心自寂然
善觀無我得現成
自頸現生淨蓮華
華上法爾現阿 𑖀 字
阿字無生心月輪
月輪體性現吽 𑖮𑖳𑖽 字

轉成五股白金剛
金剛杵安自舌上
如實現前金剛舌

海底輪上生妙蓮
妙蓮中住妙商佉
商佉出聲無間斷
金剛舌上顯妙音

本寂相應入住出

蓮華蕊出無量音
海底、臍、心、咽至舌
字字清淨成大日
舌出光焰遍照明
聲滿虛空虹光現
光中光聲間錯明
瑜伽相應念誦王
成就如來勝利音

第叁品　自身中的無盡宇宙法界

從身中看到了無盡的宇宙法界
從無盡法界中看到了自身
依正二報相互影現
所謂大身即非大身
所謂小身即非小身
在細之又細、小之又小、退藏至密
成了至密之空

在廣而又廣、大而又大、彌諸法界宇宙
成廣大之空
如是密空　同於大空
如是大空　同於密空
至小空與至大之空　竟是平等無二
非大非小的畢竟空
至密之空無盡大空
大空宇宙法界依然平等無二
現空　現空　現空

「究竟涅槃」

第玖會

與佛同息

第壹品　與佛同息

壹、安住在大悲的胎藏

安住在大悲的胎藏
在佛陀的中脈呼吸
從佛陀的海底輪
一呼一吸
與佛同息

在畢竟空中呼吸
與法界同息

貳、畢竟空即佛法身

畢竟空即佛法身
如實安住自呼吸
法身佛息即我息
大空自在明空息

大慈大悲法報身
如實安住自呼吸
功德佛息即我息
清淨體性悲智息
實報莊嚴佛妙身
如實安住自呼吸
報身佛息即我息
金剛光鍊虹光息
大悲周遍化身佛
如實安住自呼吸

大悲佛息即我息
小大互攝遍照息

叁、三身如來法界性

三身如來法界性
三密圓滿自相應
小佛大佛自瑜伽
無盡相攝遍照佛

肆、小佛善住大佛中

小佛善住大佛中
大佛現成住小佛
無盡相攝瑜伽王
相應現觀自現成
小大互攝小大融
體性圓融本不二

伍、六大無礙體瑜伽

六大無礙體瑜伽
三密現成本如來
四曼體性自現前
帝網莊嚴即身佛
五蘊六根十八界
一切現成佛自身
大悲胎藏佛自生

甚深體性自佛陀
畢竟空中現成佛

陸、六大瑜伽本來面

六大瑜伽本來面
三密四曼體中圓
法界現前全佛陀
同息同身同五蘊

六根界入同如來
行住坐臥佛身中
法爾遍照自佛陀
遍照虹光同成就

柒、小大至遍照

小大至遍照
相攝自無盡

法報化身佛
同息同成就

捌、在大空中自在

在大空中自在
在畢竟空中圓滿
安住在究竟體性的法身佛中
法身佛成了我的常寂光明

於是我身現成了體性的法身佛
是畢竟空的現成
於是安住在法身常寂光中
呼吸著常寂光明
在實相中自在
在金剛鍊光中現成
安住在圓滿功德的報身佛中
報身佛現成無盡的法界光明
於是我身現成了吉祥的虹光佛身
在實相中一切現成

於是安住在法界光明佛中
呼吸著金剛虹光
在大悲周遍中圓滿自在
在大佛的光明中現成
安住在廣大佛智的大悲的胎藏曼荼羅
於是我身現前圓滿
安住在蓮座成了大日如來
在法爾實相中呼吸著虹光
舉身成了畢竟現空的虹光身

玖、大覺現前

大覺現前
與佛同息
現成佛脈
如來現身
實報莊嚴
常寂光境
境智雙圓

畢竟空成

拾、無我的呼吸

啊！
無我的呼吸
吸者無我
住者不可得
呼者本來空

啊！
畢竟空的呼吸
如是！如實！
畢竟空
啊！
無我的呼吸
甚深的秘義
吸時來無方所
住時本無積聚
呼時了無蹤跡

心本無心
由心有息
息無來去
息身相依
身本來空
無生無滅
六根現寂
六境現空
六識現覺
內空、外空、內外空

十八空現成
一切了無蹤跡
啊！
無我的光明
光明的無我
明空不二
無上的大覺
全佛

第貳品　一呼一吸

一呼一吸
自默自照
細而更細
入於寂密
在一呼一吸時
現觀呼吸通於自身與法界
在二呼二吸時

呼吸在光明中更細更細
吸入法界的光明
更細更細的進入中脈
安住在海底輪中
海底輪化成極細更細
呼出自性的光明
極細極細的會融於法界
氣息在一次又一次的呼吸中
每次都化得更細
而海底輪在一次一次呼吸安住中

漸次的化為唯一明點
呼吸的氣息細成至空的光明
唯一的明點成了現前的明空
入、出、住三輪之體究竟空了
在畢竟空中心、氣、脈、身、境
在無量光中成了彩虹
虹身現成
如實究竟

第叄品　阿字息

阿字入住出不生　究竟息相離生滅
無上菩提心息寂　圓滿住世無量壽
入息自鬆自細細　細寂現空本無生
法爾明空真如現　金剛珠鬘法界性
明空光寂入中脈　善入自身眾支分

一一支節筋脈中 流注光息本無生

五臟六腑眾器身 六大身具即空光
三脈七輪畢竟空 法爾明空住本然
住息放下寂密密 本寂輪中自法界
至細至空攝法界 吉祥無滅自如來
出息畢竟空中現 一切法界大空寂
明空法界息現前 法爾全佛全清淨

心、氣、脈、身、境圓滿　入出住息融究竟
畢竟空中大日尊　如實現成全佛界

作者簡介

洪啟嵩，國際禪學大師、藝術家及暢銷書作家，被譽為「廿一世紀的米開朗基羅」、「當代空海」。年幼深感生死無常，十歲起參學各派禪法，尋求生命昇華超越之道。二十歲開始教授禪定，海內外從學者無數。

其一生修持、講學、著述不輟，足跡遍佈全球。除應邀於台灣政府機關及大學、企業講學，並應邀至美國哈佛大學、麻省理工學院、俄亥俄大學，中國北京、人民、清華大學，上海師範大學、復旦大學等世界知名學府演講。並於印度菩提伽耶、美國佛教會、麻州佛教會、大同雲岡石窟、廣東南華寺、嵩山少林寺等地，講學及主持禪七。

畢生致力以禪推展人類普遍之覺性運動，開啟覺性地球，二〇〇九與二〇一〇年分別獲舊金山市政府、不丹王國頒發榮譽狀，於二〇一八年完成歷時十七年籌備的史上最大佛畫－世紀大佛，二〇一九年獲金氏世界紀錄認證「世界最大畫作」（168.76 公尺 X71.62 公尺）。

歷年來在大小乘禪法、顯密教禪法、南傳北傳禪法、教下與宗門禪法、漢藏佛學禪法等均有深入與系統講授。著有《禪觀秘要》、《密法總持》、《蓮花生大士全傳》、《現觀中脈實相成就》、《開悟之前》等，著述近三百部。

法界新秘藏見部01

法界新秘藏・究竟要言 第一輯

作　　者　洪啟嵩
發 行 人　龔玲慧
藝術總監　王桂沰
執行編輯　彭婉甄、莊慕嫺
美術編輯　張育甄
出　　版　全佛文化事業有限公司 http://www.buddhall.com
訂購專線：(02)2913-2199　傳真專線：(02)2913-3693
匯款帳號：3199717004240　合作金庫銀行大坪林分行
戶名：全佛文化事業有限公司
E-mail:buddhall@ms7.hinet.net
門　　市　覺性會館・心茶堂　新北市新店區民權路108之3號10樓
門市專線：(02)2219-8189
行銷代理　紅螞蟻圖書有限公司　電話：(02)2795-3656　傳真：(02)2795-4100
台北市內湖區舊宗路二段121巷19號（紅螞蟻資訊大樓）
初版一刷　二〇二〇年九月
定　　價　新台幣二三〇元
ＩＳＢＮ　978-986-98930-4-6（精裝）

國家圖書館出版品預行編目(CIP)資料

法界新秘藏．究竟要言．第一輯 = The new mystic treasure of Dharmadhātu / 洪啟嵩著．-- 初版．-- 新北市：全佛文化，2020.09
面；　公分
ISBN 978-986-98930-4-6(精裝)

1. 佛教修持

225.7　　109012009

Published by
BuddhAll
BuddhAll Cultural Enterprise Co.,Ltd.

BuddhAll

All is Buddha.